EXTRAIT DE LA
Revue de Bretagne, de Vendée et d'Anjou.

L'Abbé **L. MONNIER**

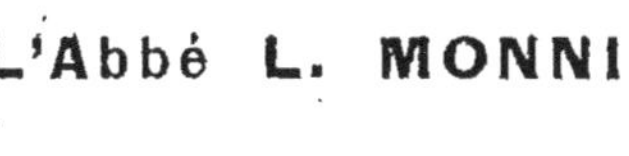

L'ÉGLISE DE RUNAN

SES ORIGINES — SON HISTOIRE

VANNES

IMPRIMERIE LAFOLYE

—

1901

L'ÉGLISE DE RUNAN

SES ORIGINES — SON HISTOIRE

RUNAN - Vue Intérieure de l'Église (côté midi)

EXTRAIT DE LA
Revue de Bretagne, de Vendée et d'Anjou.

L'Abbé L. MONNIER

L'EGLISE DE RUNAN

SES ORIGINES — SON HISTOIRE

VANNES

IMPRIMERIE LAFOLYE

1900

RUNAN - *Porche de l'Église*

L'ÉGLISE DE RUNAN

SES ORIGINES — SON HISTOIRE

I

PRÉLIMINAIRES

Runan est un joli petit bourg, situé à quatre kilomètres de la ligne de chemin de fer de Guingamp à Paimpol, et à égale distance des stations de Pontrieux et de Plouec.

« Son clocher, avec sa flèche de granit légère et élancée, se voit de
« très loin. Une splendide église de la fin du XVe siècle toute cons-
« tellée d'armoiries ; un calvaire dont la base monumentale et
« les quelques débris subsistant encore accusent une œuvre an-
« cienne d'une exceptionnelle beauté, donnent à la localité, toute
« pleine d'ailleurs d'arbres et de verdure, un air d'importance
« aristocratique[1]. »

L'origine de cette trêve de la paroisse de Plouec ne se dégage guère de la lecture des rares archives que peut aujourd'hui fournir la fabrique de l'église de Runan.

D'aucuns prétendent reconnaître Runan dans le *Runargant* de la Charte donnée aux Templiers en 1182[2]. Ainsi s'exprime dans un mémoire sur les Commanderies de Malte, présenté au congrès de l'Association Bretonne, à Quimper, en 1895, le chanoine Guillotin de Corson.

Depuis des siècles, en effet, Notre-Dame de Runan se trouverait assise dans le fief du Palacret[3], dépendant de la Commanderie des chevaliers de Saint-Jean de Jérusalem, de la Feuillée, commune enclavée aujourd'hui dans le département du Finistère.

---

[1] Sigismond Ropartz, *Notice sur Runan*.
[2] Archives de la Vienne.
[3] Le Palacret, ancienne Commanderie de Malte, situé en la paroisse de Saint-Laurent non loin de Runan ; cette propriété apparlint longtemps à la famille de Zenaïde Fleuriot, et la célèbre femme de lettres bretonne y passa une partie de sa jeunesse.

Les chevaliers de Malte auraient donc recueilli ce lambeau du patrimoine du Temple, avec tant d'autres, dans l'apanage qui leur fut concédé par le roi de France, après la prise de Rhodes, en reconnaissance des grands services par eux rendus à la chrétienté et à la civilisation ?

Cette opinion est très acceptable ; quoi qu'il en soit, la fabrique de Runan tout en reconnaissant le pouvoir temporel des chevaliers, ne devait au commandeur du Palacret que vingt-quatre sols de rente d'une part, et ensuite cent sols pour les offrandes du lieu, à la Nativité de Notre-Seigneur. En outre, ce commandeur avait certains droits sur la halle de Runan et jouissait de treize tenues et d'une dîme ainsi qu'il appert d'une déclaration de 1697[1].

Mais la fondation de l'église, à qui peut-elle être attribuée ?

Nous inclinons à croire qu'elle est plus spécialement l'œuvre des gentilhommes de la trêve de Runan, car le monument est tapissé d'écussons, dans lesquels, en dépit des offenses du temps et des ravages pires d'un absurde vandalisme, il n'est pas impossible de deviner leurs armes, et qui étaient, assurément, dans l'origine, pour indiquer les bienfaiteurs insignes de l'édifice.

Un fait conservé par l'histoire corrobore notre opinion : en 1438, le chevalier Pierre de Keramborgne, commandeur de la Feuillée et du Palacret, ayant fait sculpter son blason dans l'église de Runan, « bâtie sur son fief », le seigneur de Kernéchriou se permit de briser cet écusson pour placer au même endroit ses propres armes. Pierre de Keramborgne en porta plainte au duc de Bretagne Jean V qui ordonna le 15 août 1439 une enquête à ce sujet.

Qu'advint-il de cette enquête ? Les vieux parchemins ne nous le révèlent pas ; mais les armoiries des Kernéchriou se lisent toujours aux premières places à l'intérieur et à l'extérieur de l'église. Elles portent : « *écartelé d'argent et de sable, un bâton de gueules brochant sur le tout* »

Celles du commandeur Pierre de Keramborgne se verraient aussi, dit-on, sur le mur ouest du porche ; elles sont supportées par des lions et montraient : « *de gueules, à un heaume de profil d'or, accompagné de trois coquilles d'argent* ».

[1] Guillotin de Corson, *Archives de la Vienne*

La famille Kernéchriou de Lestrézec, la plus ancienne et la plus en renom de Runan, tombée en quenouille à l'époque de la Révolution, a complètement disparu. La tradition fait, des membres de cette maison, des croisés, de pieux chevaliers, des bienfaiteurs insignes de l'église tréviale.

Il y a quelques années, s'érigeait au milieu de l'une des nefs latérales, un sarcophage élevé, représentant un chevalier armé de toutes pièces, mains jointes, couché près de sa femme en habits de châtelaine, les pieds reposant sur des lévriers, la tête soutenue par des anges. M. Luzel assure reconnaître dans ces personnages des seigneurs de Lestrézec[1]. Ou bien encore des seigneurs de Kerambellec, les restaurateurs de la chapelle du Rosaire ?

Ce tombeau, aujourd'hui placé à l'angle de la tour et des fonts baptismaux, occupait jadis le centre de la nef méridionale.

Mais quel soit le mystère dont il demeure entouré, ce n'est certes pas là le monument funéraire de Jean V et de Jeanne de France, comme le prétend, dans sa « *Géographie des Côtes-du-Nord,* » M. B. Jollivet.

A la vérité : « Un événement remarquable attira l'attention sur « Runan au milieu du XVᵉ siècle. On transportait solennellement « de Nantes à Tréguier les restes mortels du duc Jean V. Le cercueil « qui les contenait fut déposé dans la chapelle de Runan et y « séjourna toute une nuit. La tradition rapporte que le char fu- « nèbre se brisa aux portes même de la chapelle, et que ce fut à « cette circonstance gratuite ou miraculeuse que l'on doit le « séjour des reliques ducales à Runan[2] »

La même tradition (mais fort mal étayée), ajoute que la Bienheureuse Françoise d'Amboise fit, elle-même, dans l'église, la veillée des morts, et qu'elle remit à Monseigneur de Plœuc, évêque de Tréguier, venu avec son clergé au devant du convoi funèbre, les illustres dépouilles que conserva la cathédrale de Tréguier en dépit des âpres revendications de l'évêque et du chapitre de Nantes.

Le même duc de Bretagne, Jean V, avait créé une première foire, à Runan, en 1414, en faveur de la fabrique et des habitants de la

[1] F. M. Luzel, *Revue de Bretagne*, 1868.
[2] Sigismond Ropartz, *Notice sur Runan.*

trêve ; il en octroya une seconde en 1421 ; Pierre II en donna une autre en 1450 ; Anne de Bretagne confirma tous ces privilèges.

Plus tard Henri III, roi de France, voulut à son tour attester sa piété pour Notre-Dame de Runan dont la dévotion florissait, en accordant une foire à la Vierge célèbre du pays trégorrois. La charte qui l'instituait fut passée par son procureur fiscal, le sieur de Lestrezec, à la juridiction royale de Lanvollon.

Ainsi s'exerçait envers Notre-Dame de Runan la munificence des princes et des rois : leur souvenir demeure inséparablement attaché à l'histoire de son église et de son culte.

Mais ce n'est pas seulement en de poussiéreuses archives que l'on peut retrouver la trace de leur pieuse sollicitude ; ils l'ont gravée en plein granit au fronton du sanctuaire, partout où parmi les blasons des hauts feudataires surgissent accolées, comme dans l'irradiement de la merveilleuse verrière, les armes de France et de Bretagne, illustrant glorieusement la fière devise des vieux ducs : « *à ma Vie* ».

L'église de Runan, fondée par des gentilshommes de la contrée, embellie et richement dotée par les ducs de Bretagne, appartenait néanmoins à la commanderie du Palacret. Les commandeurs venaient y faire des visites pastorales, on leur présentait les comptes de fabrique, et l'évêque de Tréguier, ayant prétendu se faire rendre ces mêmes comptes, les chevaliers plaidèrent et obtinrent une ordonnance de Louis XIV qui rappela l'évêque « *comme d'abus* ».

Les archives gardent plusieurs ordonnances rédigées à la suite de ces visites : elles sont relatives à l'entretien de la chapelle. Telle fut la préoccupation constante des Commandeurs, que le monument fut maintenu « *en état bon et décent* ».

Hélas ! depuis, et bien que l'édifice soit demeuré digne en tous points de retenir l'intérêt du savant et de l'artiste, que n'avons-nous eu à déplorer ! Il y a quelque deux siècles le mobilier sacré de la chapelle subit un remaniement conforme au goût de l'époque ; un magnifique maître-autel en pierre fut relégué dans le cimetière pour faire place à un meuble de la renaissance non d'ailleurs dépourvu de cachet ; alors aussi un lourd baldaquin masqua odieusement la maîtresse-vitre.

Cent ans après, les « patriotes » de Pontrieux martelèrent les armoiries, mutilèrent le calvaire et les tombeaux qui peuplent la chapelle.

Plus près de nous, le zèle fâcheux de quelques malhabiles restaurateurs ne coûta pas moins à l'esthétique générale du monument que les pires déprédations.

Vers 1860. M. Sigismond Ropartz, l'excellent écrivain breton auquel nous avons fait plusieurs emprunts dans le cours de cette notice, passa par Runan. Précisément l'ancien maître-autel, enfoui dans la terre du cimetière, venait d'être mis à jour ; il l'étudia minutieusement et à la suite de cette enquête écrivit : « Que fera-t-on « maintenant du bas-relief de Runan ? quelques-uns penseraient « peut-être que ce qu'il y aurait de mieux, ce serait de le rendre à « sa destination primitive, mais pour cela il faudrait démolir l'autel « actuel qui n'est pas sans mérite et qui conserve encore, bien que « d'une date postérieure, d'excellents souvenirs de la renaissance : « il faudrait sacrifier de même les deux autels latéraux qui sont de « même style ; il faudrait réparer la grande vitre que l'on mettrait « à découvert, il faudrait... l'impossible »[1].

Cet impossible n'a pas arrêté des initiatives intelligentes et résolues : la verrière resplendit à nouveau, libérée de son masque de plâtre ; les autels rajeunis s'harmonisent à souhait avec le décor environnant ; le bas-relief, en bonne lumière, orne une des chapelles latérales ; enfin le côté nord de l'église qui s'effritait lentement a été reconstruit sur un mode qui l'accorde au côté midi d'une légèreté de structure et d'une richesse d'ornementation inouies.

Ce dernier travail a été exécuté sous la direction de M. l'abbé François Le Corre, recteur de Runan de 1883 à 1891.

« Monsieur Le Corre, a dit de lui l'un de ses supérieurs ecclésias- « tiques, était un architecte émérite. Il me faisait l'effet de ces cons- « tructeurs du moyen âge, de ces Frères Pontifes, comme on les ap- « pelait à Avignon, à la large carrure, bâtis à chaux et à sable « comme les murailles qu'ils élevaient, calmes et impassibles comme

---

[1] Sigismond Ropartz, *Annuaire des Côtes-du-Nord*.

« ce granit qu'ils maniaient. Mais il suffit, selon la pensée de Bossuet,
« d'un petit grain de sable pour triompher des santés les plus ro-
« bustes. Du moins Dieu lui aura dit sûrement : « Tu m'as pré-
« paré des tabernacles sur la terre et moi je t'en ai préparé un plus
« beau dans le ciel » [1]

Monsieur l'abbé Le Corre est mort en 1893, recteur de Pleudaniel[2].

II

ARCHITECTURE

EXTÉRIEUR DE L'ÉGLISE

L'architecture de l'église de Runan est de style ogival. L'ossuaire
seul porte la date et le cachet de la renaissance.

Commençons par le chevet : construit en forme de pointe de pignon, comme du reste toutes les autres parties de l'édifice, et percé
d'une grande fenêtre à six lancettes, séparées par des meneaux
élancés supportant une rosace composée d'ogives trilobées et de
quatrefeuilles, ce premier travail offre tous les caractères du style
du XV° siècle. De même, les contreforts monumentaux à socle chan-
freiné et mouluré qui flanquent les angles de l'abside.

Dans l'équerre qui sépare le chevet du transept méridional
s'élève une moderne sacristie dont l'architecture s'adapte aussi bien
qu'il est possible à celle du monument.

[1] Monseigneur Dubourg, évêque de Moulin.

[2] — Le successeur de M. le Corre à Runan, dont il n'importe de rééditer le
nom à la suite d'une notice qui est son œuvre, n'a pas peu contribué lui-même à
parfaire la restauration de la chapelle. Avec un remarquable sens artistique, il
s'est attaché à faire saillir les détails architecturaux qui sont à l'édifice ce
qu'était au missel du moyen âge les éclatantes enluminures. Nul doute que sous
son avisée direction ne disparaissent les dernières anomalies qui offensent encore
l'aspect général et que cette petite merveille archéologique ne nous soit restituée
dans sa pure beauté primitive.

En attendant, ses efforts réunis à ceux de son prédécesseur ont mérité ce témoignage d'un savant distingué. M. le chanoine Guillottin de Corson, qui écrivait
en 1895 : « L'église de Runan est un édifice qui vient d'être habilement restauré ;
« ses trois nefs sont couvertes d'écussons comme la robe d'une grande dame au
« temps de la chevalerie... ». — FRANÇOIS GÉLARD.

Puis vient la longère située en bordure de la route qui traverse la localité. La pointe de pignon du transept présente un fronton aux rampants lisses avec des contreforts simples reposant sur des socles à chanfrein uni. Au milieu, s'ouvre une fenêtre à quatre lancettes, coupées par un meneau horizontal. supportant quatre arcades ogivales trilobées et trois rosaces à quatre feuilles : le tout indiquerait. au moins, la dernière période du XIV⁰ siècle.

A droite de cette fenêtre, à la naissance du cintre, se présente un écusson fruste, en losange, et tenu par un ange. Est-ce celui de quelque duchesse de Bretagne ? Nous ne le saurions avancer.

La seconde pointe de pignon offre une fenêtre magnifique à cinq lancettes et à rosace flamboyante ; cette fenêtre a été, il y a une trentaine d'années, l'objet d'une complète restauration.

Dans le fronton qui la surmonte se lisent les armes de Bretagne ayant en supports deux lévriers, timbrées d'une couronne ducale sommées d'un casque : en guise de cimier, un aigle aux ailes éployées ; le tout encadré d'une riche banderolle ajourée, aux hermines passantes.

A gauche de la fenêtre, à la naissance de l'ogive se voit un écu fruste de banneret présenté par des anges ; plus bas des deux côtés de la fenêtre, des écussons placés 1. et 1.. 2. et 1., ayant les uns pour tenants des anges, les autres pour supports des chiens : 1. timbré, et en guise de cimiers une tête d'aigle ; 2. timbré, et en guise de cimier une tête d'homme. Ces armoiries étaient, probablement celles des seigneurs de la paroisse et des bienfaiteurs de l'église.

Sur la même ligne de façade, au-dessus du porche, s'élève, percé d'une ovale à quatrefeuilles, le fronton du pignon dans la base duquel s'ouvre la porte qui, du porche, donne accès dans l'église ; le fronton se termine, comme les deux précédents, par un fleuron sculpté ; il est accosté de deux pinacles qui surplombent de fantastiques gargouilles.

Le Porche. — Cet édicule attire tout spécialement l'attention du visiteur. — La variété, la délicatesse des sculptures qui le décorent, en font en effet une véritable merveille. — Voyez l'ogive de cette porte : elle se compose d'un faisceau de colonnettes reposant sur un socle mouluré ; l'arcade extérieure qui la couronne est revêtue de choux frisés autour desquels serpentent des rameaux de vigne ; elle se termine par un fleuron d'une très fine ciselure.

Au-dessus, se détache, au milieu du linteau, un panneau sur lequel se modèlent en un beau relief, d'un côté : l'annonciation, de l'autre une « *Pieta* » ou la descente de Croix Une corniche enguilandée encore de délicates branches de vigne sépare ce panneau d'un autre, plus petit, où dans un nouveau cadre exquis de feuilles et de grappes apparaît l'ange de Noël.

Le fronton qui domine, aux rampants ornés de crochets sculptés, se termine par un fleuron panaché timbrant un écu fruste de Bretagne.

Mais la porte offre encore remarquablement une triple ceinture d'ornementation contournant le cintre. D'abord une arabesque légère de sarments feuillagés, puis douze statuettes superposées qui en se réunissant forment clef de voûte, tandis que les deux statuettes inférieures reposent sur des culs de lampe sculptés ; enfin, dans la moulure la plus extérieure, une théorie d'anges banderollés dont les derniers s'arrêtent sur deux pinacles triangulaires faisant saillie sur le parement du porche. Ces pinacles relient également la porte à deux contreforts qui furent — on ne peut que le déplorer – restaurés de façon fâcheuse.

Sur les deux faces de profil de ces contreforts sont encastrés deux écussons timbrés de couronnes, panachés, et supportés l'un et l'autre par des lions.

La porte qui s'ouvre sur l'église forme aussi une ogive aux moulures multiples.

La voûte du porche repose sur six fines arcatures qui ont pour point de croisement une rose, d'un art parfait, entourée d'une couronne d'angelots drapés[1].

Le mur Ouest de ce joli petit édifice le relie à la chapelle des fonts baptismaux ; dans le retrait de l'angle ainsi formé s'ouvre sur l'église une fenêtre rectangulaire ornée de quatrefeuilles.

---

[1] Les voussures de la porte du porche ont une grande similitude avec celles des portails de Notre-Dame de Confort en Berhet, et de Notre-Dame de l'Isle en Goudelin.

Au-dessus de cette baie, se détache un écusson que l'on peut attribuer à Pierre de Keramborgne, le premier commandeur dont parlent chronologiquement les archives de Runan. Ces armoiries, dont nous avons d'ailleurs donné le texte. ressortent sur le mur dans une véritable débauche d'accompagnements sculpturaux.

A partir de ce point se développe de nouveau légèrement la façade méridionale de l'église, suivant un seul pignon, dans lequel s'ouvre une merveilleuse fenêtre de style flamboyant. Deux meneaux verticaux monolithes soutiennent la rosace aux ogives trilobées. Ce travail du XVᵉ siècle offre toute la pureté de style, toute la grâce décorative que savaient donner à leurs œuvres les artistes de cette bonne époque.

Cette fenêtre est accostée de deux écussons qui seraient ceux des anciennes familles dominantes de Runan : les Lestrézec et les Kerambellec. Ces derniers portaient *d'argent au lion de sable, accompagné de quatre merlettes de même.* Les armoiries des Lestrézec se lisent encore très facilement, plus à notre droite, au haut du pignon de l'ossuaire qui vient, en cet endroit, s'accoter au mur de l'église.

L'Ossuaire. — Le style de cet édifice diffère totalement de celui que nous venons d'étudier. Monument de la Renaissance, il est d'une fort belle venue : il aurait été construit selon l'inscription qu'il porte en relief en 1557. Ce n'est point là un méprisable spécimen de cette école qui a laissé dans notre pays de si beaux souvenirs.

La longère nord de l'église est de création récente ; elle présente également une série de rampants à crochets sculptés et terminés par des fleurons. De solides contreforts l'étayent, et à l'intersection des rampants apparaissent de bizarres gargouilles.

Dans le transept nord, une fenêtre semblable à celle qui s'ouvre du côté midi, et donnant sur le chœur, deux autres baies à meneau unique supportant une ogive trilobée.

La Tour. Nous éviterons de la décrire. — Les restaurations qu'elle a subies en 1822 n'ont fait qu'ajouter une disgrâce nouvelle à la pauvreté initiale de son architecture. Mais il nous est donné d'espérer que, dans un bref avenir, des initiatives plus éclairées en sauront mieux concilier l'aspect avec celui du charmant édifice qu'elle commande.

INTÉRIEUR DE L'ÉGLISE

— Pénétrons par la porte du clocher : du bas de la nef principale jusqu'à l'autel illuminé des vives couleurs d'un beau vitrail du XVe siècle, l'on remarque une double enfilade de piliers couronnés de chapiteaux diversement travaillés, surmontés de cinq arcades en ogive, aux moulures serrées et multipliées. Du côté gauche de la nef, ces piliers sont à quatre pans, agrémentés aux angles d'une légère colonette ; quelques-uns sont à double corps, un placage ayant été fait pour les renforcer lors de la restauration de la nef latérale nord ; les socles et les chapiteaux sembleraient indiquer la période architecturale de la fin du XIVe siècle.

La différence qui existe entre le travail ancien et celui qui provient de restaurations récentes n'échappe point à l'œil du visiteur entendu ; quelque intelligence qui ait présidé à cette réédification, elle ne saurait dénoter la foi inspiratrice, la patience robuste qui faisaient le génie de nos vieux artistes chrétiens.

A droite, l'allée des colonnes comporte une grande diversité. Les piliers qui supportent les deux arcades entre lesquelles est comprise la chapelle des fonts baptismaux sont formés de faisceaux de six à huit colonnettes couronnés par des chapiteaux feuillagés. Les feuilles de vigne, de chêne, de lierre festonnent et s'entrelacent à l'envie tout autour ; la richesse de la base s'accorde avec celle du fût, du couronnement et de l'arcade.

Au centre de l'église, on rencontre un premier gros pilier offrant une certaine surface carrée à laquelle a dû être jadis adossé l'un des sept autels de la chapelle.

L'on remarque dans son développement plusieurs panneaux sur lesquels sont sculptés des anges présentant des écussons frustes. Tout autour, serpentent des vignes dont des animaux immondes mordent les extrémités ; dans le chapiteau court une banderolle entourant deux chiens qui se disputent un os, symbole de la devise armoricaine : « A ma Vie ».

La colonne suivante est d'une grande sveltesse : de forme quadrangulaire, flanquée aux quatre angles de colonnettes, elle porte dans ses nœuds, sur chaque face, une arabesque formée d'une vigne mordue également aux deux extrémités par des animaux monstreux. Le même dessin se reproduit, identique, dans deux autres piliers placés au milieu des deux petites nefs latérales sud. Il est remarquable que les colonnettes qui encadrent tous les piliers situés de ce côté de l'église, offrent une arête vive, — forme carène de navire, — et indiquent toujours la période ogivale de la fin du XIV⁰ siècle. — Leurs chapiteaux, en outre, sont couverts d'une belle ornementation végétale.

La double nef latérale midi présente un aspect assez curieux : édifiée selon un mode irrégulier, elle se divise en compartiments reliés entre eux par des arcades disposées dans le sens de la largeur de cette nef. Enfin ces piliers diffèrent presque tous ; les uns sont de forme carrée, les autres composés d'un faisceau de colonnettes ; les uns massifs, les autres finement ajourés et ciselés ; tous sont, dans leur diversité, pour charmer le sens de l'artiste et pour inciter l'intérêt de l'archéologue.

Ils supportent aussi des arcades dont les agencements d'archivoltes son conçus et exécutés avec un art achevé : la main de l'ouvrier a servi habilement le génie de l'architecte. — Ces arcades portent au-dessus de leurs clefs de voûte des écussons frustes, sans doute ceux des restaurateurs de cette partie de l'église, au XVI⁰ siècle.

Les Lambris. — Le lambris de la nef principale a été refait, il y a quelque quarante ans. A noter la frise qui sert de corniche et sur laquelle sont figurées plusieurs séries de symboles. Les voûtes et les peintures des transepts ont été exécutées au XVIII⁰ siècle. Les peintures qui décorent ces voûtes, assez frustes en apparence, eurent à cette époque beaucoup de vogue ; elles sont, au reste, très délicates. Chapelle du Rosaire : anges banderollés tenant en main des chapelets, sur un fond d'azur terne ; au nord fond blanc semé d'étoiles, de croix et de têtes de morts. Cette dernière décoration s'adapte à cette partie de l'édifice qui était jadis la chapelle de Notre-Dame de l'Agonie.

La Maîtresse-Vitre. — « Les verrières dans les édifices religieux, « a dit un archéologue distingué, sont, pour ainsi dire, les seuls ta- « bleaux d'histoire qui nous soient restés du moyen-âge — C'est là « qu'il se meut vivant et dramatique, avec ses attitudes variées, et ses

« costumes pittoresques ; c'est là qu'il faut lire les traditions qui l'en-
« chantaient,légendes merveilleuses que le pauvre disait pour con-
« soler sa vie, qui trouvaient aussi au large foyer du château un au-
« ditoire plein de foi, que la mère murmurait tout bas près du berceau
« de son nouveau-né,qui se répétaient de village en village dans les
« refrains mélancoliques du pèlerin.Ces vitraux historiés qui ne nous
« intéressent maintenant que comme objets d'art, avaient pour nos
« aïeux un tout autre sens et un charme indicible. Ils les con-
« templaient pieusement pendant de longues heures, comme on
« lit un hymne à la gloire nationale ou une prière à Dieu » (1).

Les sculptures qui ornent nos monuments religieux n'ont guère,
outre leur valeur artistique, que la portée d'un symbole ; les verrières qui retracent en leurs dessins, à la fois somptueux et naïfs,
la légende des saints patrons, la vie des nobles donateurs, sont,
pour l'hagiographe et pour l'historien, les documents les plus
précieux.

La maîtresse-vitre de l'église de Runan accuse la fin du XV\u00b0
siècle.

Dans le centre de la rosace apparaissent en supériorité, à droite,
les armes pleines de Bretagne, à gauche, les armes mi-partie de
Bretagne, mi-partie de France.

Les hermines qui parsèment ce dernier écusson paraissent dissi-
muler leurs pointes croisées pour ne laisser que l'illusion de larmes.
Dans le lobe qui domine et sépare ces deux ogives, on remarque
encore une larme d'or sur un lis d'argent.

L'œuvrier a-t-il prétendu symboliser ainsi la Bretagne pleurant
son indépendance ? La réunion de notre province au royaume remonte en effet à ces mêmes temps. De distingués artistes ont émis
devant moi cette hypothèse que je ne saurais autrement cor-
roborer... « *Ad huc sub judice lis est* ».

Autour des armoiries de Bretagne et de France court la devise
armoricaine « *A ma vie.* » Les quatrefeuilles offrent soit des fleurs
de lis, soit des anges tenant des couronnes. A droite encore, au-
dessus de la naissance des ogives, se présentent les armes des Ros-

(1) M. Lamache *De l'art, dans les édifices religieux Revue Européenne,*
1833).

trenen : *d'hermine à trois fasces de gueules* ; puis celle des Duperrier : *d'azur à dix billettes d'or*. En se dirigeant vers la gauche, on rencontre celles des Lestrézec ; celles des Duperrier en alliance avec celles des Duparc de la Roche-Jagu, qui sont : *d'azur au lion d'or, au lambel de gueules.*

Cette rosace est soutenue par sept meneaux formant six lancettes terminées en ogives.

Dans chaque panneau de la fenêtre, surgissent des personnages en grandeur naturelle. En partant de la droite, nous voyons : saint Pierre, la sainte Vierge, le Christ en croix, saint Jean, et, croyons-nous, sainte Hélène et sainte Honorine, les patronnes de plusieurs demoiselles nobles de la paroisse, au temps jadis. Ces figures sont encadrées dans des arcades tréflées que couvre un fronton triangulaire garni de crochets et accompagné de clochetons comme l'on en voit dans l'architecture générale de l'église. Elles reposent sur des socles dans lesquels sont taillées les armoiries des nobles personnages de Runan et celles des familles à eux alliées et qui toutes comptèrent parmi les bienfaiteurs de la chapelle.

Voici, d'ailleurs, l'énumération de ces armes : les premières du côté de l'évangile sont celles des Mézaubran : *de gueules au croissant d'argent, accompagné de six coquilles de même.* Puis viennent les Kernechriou de Lestrézec et Caourcin : *d'argent à une tête de Maure, tortillée du chef.* Les Le Saint de Kerambellec et de Chevigné : *de gueules à quatre fusées en fasce accompagné de huit Besans d'argent* anciennes armoiries des commandeurs de Dinan. Enfin, en alliance, de Coetquen : *bandé d'argent et de gueules, un lambel à trois pendants d'azur* et Kergris : *d'or au croissant de sable accompagné de quatre tourteaux de même.*

MOBILIER

Les Autels. — Vers la fin du XVIIe siècle, apparut dans notre pays un nouveau genre d'ornementation. Il fut importé par les célèbres frères Corlay de Plouagat. Presque toutes nos églises, quel que fut leur style, reçurent un ameublement exécuté d'après les dessins des imagiers bretons. L'église de Runan fut de ce nombre ;

d'où les trois autels placés dans les transepts, qui, malgré l'anachronisme qu'ils décèlent, ne laissent pas que d'être d'un excellent décoratif. — Ces retables renaissance, en effet, chargés de festons et de guirlandes, supportés par des colonnes d'ordre composite, enrichis de panneaux où le sculpteur a déployé une merveilleuse fécondité d'imagination, se font facilement pardonner leur intrusion.

C'est en 1710 que, selon une délibération du général de la paroisse et du conseil de fabrique, marché fut passé entre le sieur Le Saint de Kerambellec et les frères Rifler de Keréven, de Paimpol en Goëlo, pour l'exécution du travail sur bois, et entre le même et un peintre nommé Hamonic de la même ville pour la peinture et dorure du même mobilier. Ce dernier devait encore, en outre du strict marché, renouveler la dorure et rafraîchir entièrement d'ailleurs la statue de Notre-Dame. M. Maudez Ropert était alors recteur de Plouëc et M. Guernion, curé de Runan.

Le maître-autel, en bois, se compose d'un devant d'autel rectangulaire orné aux quatre angles de feuilles aux pétales ouverts. Le centre de cet autel ne comporte point de retable sculpté, mais de chaque côté, sont placés des panneaux à cadres feuillagés et festonnés. La frise de la table d'autel est ornée de trois fleurs de lys, placées l'une au milieu, les autres à chacune des extrémités.

Le tabernacle est surmonté d'un dôme que surplombe un globe d'où s'élance une glorieuse Ascension. Au même tabernacle sont adossées les statues de saint Pierre et de saint Paul ; celles des quatre évangélistes sont placées sur le second gradin, formant ainsi retable, dans des niches séparées les unes des autres par de légères colonnettes ornées de feuilles de vigne ; de petites consoles sculptées les soutiennent · — les statuettes — car elles sont de petite dimension — sont d'un art très coquet et attirent justement l'intérêt du visiteur.

Au-dessus de ce retable dont les deux côtés sont arrêtés et soutenus par des consoles en forme d'S, est une galerie à jour, arrondie au centre, de façon à encadrer la base du dôme et terminée aux deux extrémités par des petits pinacles à fleurons.

Les petits autels des transepts sont remarquables surtout par leurs grandioses retables. Nous en avons déjà indiqué la physionomie

Cliché des H^{rs} Guermonprez et Macé

RUNAN - *Autel en Pierre (fin du XV e)*

générale : nous ferons remarquer ici que le centre de ces retables est occupé par des tableaux d'un certain cachet. Celui de la chapelle du Rosaire représente la Vierge donnant le rosaire à saint Dominique et à sainte Catherine de Sienne : autour du cintre quinze médaillons symbolisent les quinze mystères. Celui de la chapelle de Notre-Dame de l'Agonie représente l'Extrême-Onction : un prêtre à genoux au chevet d'un moribond récite les prières des agonisants.

Ancien Autel. — Nous arrivons au curieux autel en pierre dont il a été fait mention dans la première partie de cette notice. Le tombeau est en pierres de taille simplement équarries, mais le retable, d'une grande valeur artistique, est en fin kersanton. Au premier plan, un panneau représentant l'Annonciation, l'Adoration des Mages, le Crucifiement, la Mise au Tombeau et le Couronnement de la Vierge ; plus haut, en guise de dais, quinze petites ogives séparées entre elles par de minuscules piliers carrés terminés en clochetons. De chaque côté, entre ces piliers et les frontons fleuronnés des ogives, de petites niches sont très finement simulées. Mais il est difficile d'exprimer par la simple énumération de motifs sculpturaux toute la grâce de ce petit monument, l'un des plus rares qui se puisse rencontrer dans nos églises bretonnes.

Les Fonts baptismaux. — Egalement en granit, comme l'autel devant lequel ils sont placés, ils accusent par leur ornementation l'ère de transition du XVe au XVIe siècle.

La Chaire. — La chaire est un beau morceau de sculpture du commencement du XVIIIe siècle. Sur la cuve, quatre bas-reliefs représentent les quatre évangélistes ; sur la rampe, quatre autres panneaux nous donnent les quatre docteurs de l'Eglise Latine, avec leurs attributs.

Les Crédences. — L'église de Runan possède aujourd'hui quatre crédences visibles : l'on en voit une de chaque côté du maître-autel, percées à même le mur du chœur. L'une d'elles aurait-elle autrefois servi à garder les saintes espèces, comme cela se pratiquait dans beaucoup d'églises du Moyen-Age ? L'autel en pierre dont il vient d'être question et qui a dû jadis occuper la place du maître-autel actuel ne comporte pas en effet de tabernacle : mais l'on peut également admettre que, selon un usage aussi répandu, les hosties sacrées fussent à cette époque conservées dans un récipient affectant la forme d'une colombe aux ailes éployées qui se balançait suspendue à une crosse d'or devant la table de sacrifice.

Dans le transept midi, à gauche de l'autel du Rosaire, est une autre crédence offrant une double piscine ; cette caractéristique la ferait remonter au moins au XIV⁵ siècle, « car ce fut vers le commencement du XIIIᵉ siècle que, sur l'ordre du pape Innocent III, deux piscines distinctes devaient être creusées dans les crédences pour recevoir l'une l'eau qui avait servi à laver les doigts du prêtre au « Lavabo » de la Messe, l'autre le vin versé dans le calice après la communion, mélangé aux quelques gouttes du Précieux Sang qui pouvaient rester, et l'ablution des doigts auxquels quelques parcelles de l'hostie avaient pu s'attacher. En effet, quelques prêtres pouvaient éprouver une certaine répugnance à boire la rinçure de leurs doigts. De là ce moyen terme adopté : une piscine pour les eaux ordinaires, une autre pour les ablutions proprement dites. Cet usage tend à disparaître dès le XIVᵉ siècle[1]. »

Une quatrième et remarquable crédence se trouve entre les deux grandes fenêtres situées du côté méridional de l'église. Elle sert aujourd'hui de trône à une petite statuette de saint Loup, tout de rouge vêtu, objet de la naïve admiration des petits enfants présentés à Notre-Dame de Runan.

LES TOMBEAUX

Dans cette même partie de l'église, l'on remarque deux enfeux renfermant les sépultures des seigneurs de Rostrenen, comme l'indiquent leurs armoiries encore facilement déchiffrables. Seigneurs de Brélidy, maîtres du château-fort dont les vestiges dominent encore la vallée du Jaudy, ces nobles personnages durent à leur insigne dévotion pour Notre-Dame de Runan de reposer au pied de ses autels. Une curieuse particularité de ce sarcophage est qu'il offre l'image des défunts gravée en creux sur la pierre : ce travail, quoique fruste, ne laisse pas d'avoir un grand charme de rareté.

[1] De Caumont, *Manuel d'Archéologie.*

Dans la grande nef, près de la balustrade qui entoure le chœur, apparaît encastrée dans le dallage une pierre sépulcrale écussonnée aux armes des Monteville de Runan ; l'un des membres de cette famille, Olivier, se distingua en qualité d'écuyer au combat des Trente[1].

Il y a quelques années, au cours de travaux nécessités par la réfection du parquet du chœur, les ouvriers mirent à jour, sous le maître-autel, un tombeau, ou plutôt un caveau renfermant un reliquaire en plomb simulant un cœur.

Un membre de la Faculté apprécia que les quelques débris demeurés au fond de ce reliquaire provenaient d'un cœur humain ; malheureusement aucune inscription n'aida à en pénétrer le mystère qui persiste encore ; ce cœur est conservé dans la sacristie de l'église.

Bien d'autres sépultures furent assurément faites dans la chapelle de Runan. Le porche même couvre un grand nombre d'ossements. Lorsqu'il fut restauré, en 1895, l'on constata la présence sous terre d'une sorte d'ossuaire.

Les squelettes qui y figuraient étaient de proportion gigantesque : l'on ne pouvait se défendre, à les considérer, en même temps que d'un frisson, d'une pieuse admiration pour ceux dont les restes décelaient, après des siècles et des siècles, tant de majesté évocatrice de tant de vaillance.

SACRISTIE

Trésor-Ornements. — « En 1617, dit M. le chanoine Guillotin de Corson, l'église de Runan renfermait sept autels, et il s'y faisait journellement un très beau service et il y tombait de grands biens. »

Le trésor contenait une croix processionnelle, un soleil magnifique, des calices, ciboires et ostensoirs, le tout en argent... il n'en reste rien aujourd'hui.

« Avant la Révolution, avait aussi écrit M. Sigismond Ropartz, la chapelle de Runan était riche en mobilier. J'ai parcouru plusieurs inventaires sur vélin du XVI° siècle, et qui sont pleins de curieux

---

[1] Ces armoiries sont semblables à celles des de Quélen dont les Monteville sont un « ramage ». Elles se lisent : *burelé, ou fascé d'argent et de gueules de dix pièces.*

détails. Hélas ! ces ornements nombreux et splendides, parmi lesquels il y en avait un en damas gris aux armes de Kerbellec, et un autre en damas bleu aux armes de Lestrézec, ces tentures richement brodées dont on enveloppait, aux jours solennels, les autels et la chaire, que sont-ils devenus ? Tout cela avait disparu avant 93. De même les six calices dont quatre étaient merveilleusement ouvragés[1] ».

L'une cependant de ces pièces précieuses, un calice en vermeil, était naguère entre les mains d'un habitant de Runan. Cet homme profanait à plaisir le vase saint qu'il tenait de ses pères qui l'avaient avant lui détenu sacrilègement. Une mort mystérieuse que la voix publique attribua à la colère du ciel, vint frapper cet homme au milieu de son crime ; mais le calice, vendu sans doute à quelque orfèvre, n'a pas été restitué au trésor paroissial.

Cloches. — D'après le chanoine de Corson que nous venons de consulter tout à l'heure, la tour portait jadis quatre cloches. L'une de ces anciennes cloches existe encore. Voici l'inscription qu'elle porte : L'an 1789, j'ai été bénite par messire Antoine Dafniet, rec-
« teur de Plouec, assisté de messire Le Bras, curé, et nommée par
« haut et puissant seigneur, L'Hugues de Freslon, chevalier,
« grand-croix de l'ordre de Saint-Jean de Jérusalem, commandeur
« du Palacret, et ancien supérieur et fondateur de Runan, représenté
« par messire Penven, son procureur fiscal, et par demoiselle Marie
« Le Besque, et fondue par les soins de messieurs : Yves Le Besque,
« Guillaume Le Bourdonnec, François Nicolas, J. Le Maillart, J. Le
« Lagadec, deliberans, F. Clech et Y. Guenver, fabrique. E. Coz
« gouverneur. Guillaume m'a fait. »

L'Hugues Le Freslon de la Freslonnière a été le dernier maître temporel de Runan ; sa maîtrise a pris fin en 1790. Ses armes étaient : « *d'argent, à la fasce de gueules, accompagnée de six* « *ancolies d'azur, tigées de gueules. 3. 3.* »

Ropartz, *Notice sur Runan.*

LE CALVAIRE

Dans le cimetière qui environne l'église se dressait autrefois un magnifique calvaire du moyen âge, offrant maintes similitudes avec ceux qui font actuellement encore la gloire de certaines bourgades finistériennes. Ce calvaire comportait à sa base un oratoire et un autel qui ont aujourd'hui disparu, plus une sorte de chaire à prêcher « promenoir », qui subsiste encore. Les débris du calvaire gisent çà et là dans l'herbe ; un si déplorable acte de vandalisme est dû aux « Patriotes » de Pontrieux qui, en 1793, brisèrent les trois croix et les personnages qui reposaient sur la plate-forme, mutilèrent les statues du Christ, de la Vierge et des saints qui y étaient représentés assistant à la mort de l'Homme-Dieu. Le piédestal seul résista à leur rage de destruction, non sans qu'il en garda des traces. C'est un petit monument hexagonal : sur chacun de ses côtés se détache une triple ogive encadrée d'un fronton à rampants fleuronnés : les arcades sont séparées par de petits pinacles entre lesquels on aperçoit des niches minuscules. Cette ornementation est identique à celle de l'autel en pierre que nous avons plus haut décrit.

Au second plan existaient deux autres ogives encadrant des sujets taillés en relief sur le granit. Le socle du piédestal est d'une grande simplicité, mais la corniche forme un chapiteau - sur le tailloir duquel court une belle guirlande de fruits et de feuilles de vigne.

Cette base monumentale supporte un calvaire moderne, sorti des ateliers de M. Hernot, le sculpteur lannionais ; il porte gravés sur le socle les noms des donateurs.

Qu'il nous soit permis de regretter que l'ancien monument, dont plusieurs pièces, et notamment trois fûts de colonne ont été retrouvés, n'ait pas été restauré ; il manque à l'harmonie du décor. Sans doute il est trop tard pour souhaiter maintenant sa réédification : du moins, en présence des difficultés aussi grandes rencontrées et vaincues dans la restauration de l'église même, je ne crois pas qu'il soit excessif d'exprimer ici, simplement, un regret.

NOTES ET DOCUMENTS

L'église de Runan est consacrée à Notre-Dame de Bon-Secours.

« Un fait constaté par les archéologues, écrivait naguère un
« prêtre érudit, M. Daniel, mort en 1875, curé de Mùr, c'est que
« les anciennes églises mères et chapelles tréviales étaient généra-
« lement dédiées à la Trinité, à la sainte Vierge et à saint Pierre.
« Les répartitions actuelles des patronages se rapprochent des
« premières dédicaces, si on excepte un très petit nombre de pa-
« roisses placées en nos contrées sous le vocable de saints
bretons. »

Dans la grande fréquence de ces dédidaces de nos sanctuaires à
la Vierge, nous devons surtout voir, à notre avis, le témoignage
de la spéciale dévotion des premiers apôtres du christianisme à
Celle qui écrasa la tête du serpent.

La situation topographique de Runan, « colline élevée », au sommet du plateau qui commande les deux vallées du Jaudy et du Trieux,
est pour accréditer l'hypothèse d'une voie romaine qui aurait jadis
traversé cette localité. Par là, à la suite des légions de César, auraient
pénétré dans la région les pionniers du Christ. Ceux-ci ne furent-
ils point des disciples de Drennalus ? Il nous est permis de le
conjecturer.

Quelques fragments d'une très ancienne légende rimée, recueillis
sur les lèvres d'une vieille femme, sont le seul document que nous
possédions sur l'établissement de la foi dans ce pays. Sur l'éminence

où se trouve actuellement bâtie l'église de Runan, dit le Guerz, s'élevait jadis un chêne consacré au culte de Teutatès. C'était un arbre robuste, immense ; ses racines plongées profondément dans le sol s'agrippaient aux sépulcres des ancêtres, rangés sous son ombre ; autour du tronc, pour l'affermir encore, l'on avait amassé des blocs de granit. Non loin de là, sous un petit bouquet d'aubépine fleuri, un prêtre du vrai Dieu plaça une statuette de la Vierge tenant sur ses genoux l'enfant divin. Dès lors le géant périclita ; ses feuilles peu à peu se flétrirent, ses ramures se desséchèrent : bientôt, avec un grand bruit, il s'écroula.

Le peuple reconnut la puissance de la mère de Dieu : il lui bâtit un temple à l'endroit même où se dressait le signe de l'idolâtrie.

La légende encore nous a conservé le souvenir de bien d'autres miracles accomplis par Notre-Dame de Runan. Nous allons en rappeler brièvement quelques-uns, vieux déjà de quelque trois cents ans :

Un vieillard du village de Coat-an-Hir en Plouëc, situé non loin de la fontaine de Notre-Dame de Runan, fut frappé de paralysie ; des amis le transportèrent dans la chapelle de la Vierge ; il y entendit dévotement la messe, et, dès le sortir de l'église, se remit à marcher allègrement.

Une jeune fille de dix-huit ans sortait chargée d'un lourd fardeau du moulin de Brélidy ; son pied vint à glisser en passant sur la chaussée du bief et elle tomba dans le torrent qui se précipitait sous les grandes roues du moulin. Or, soudain, le torrent cessa de mugir, les grandes roues de tourner : le meunier, effaré, se jette hors du moulin et il entend une voix disant du fond du gouffre : « Je suis sauvée. » C'est la Vierge de Runan qui a arrêté les tournants. » Et la jeune porteuse de farine sortit de l'eau incontinent.

Une autre tradition remarquable qui remonte probablement au dix-septième siècle :

L'un des prêtres qui desservaient alors la trêve de Runan faisait le pèlerinage de Rome. Il s'était embarqué à Marseille et naviguait depuis deux jours heureusement lorsque, en vue des côtes d'Italie, le vaisseau fut assailli par une affreuse tempête. Les passagers désespérèrent de leur salut ; le prêtre pèlerin se vit, selon l'expression de la légende, *entre les deux eaux*. En cette occurrence extrême, il appela à son aide la Dame céleste qu'il servait. Sa prière fut entendue ; à l'instant même un grand calme régna sur les eaux, et le navire, libéré de tout péril, reprit sa course vers Civitta-Vecchia. — Un *ex-voto* placé dans l'église de Runan garda longtemps le souvénir de ce miracle.

Ce ne sont point les seuls faits miraculeux acquis à la gloire de la Vierge de Runan ; bien d'autres prodiges sont restés le secret des âmes en faveur desquelles ils s'accomplirent. Et la légende n'attribue-t-elle pas encore à la pieuse reconnaissance des princes bretons la fondation des nombreuses foires de Runan ?

Les foires se tenaient au jour de la fête de chacun des douze apôtres, le jour de la saint Laurent, à la Mi-Carême, la veille du grand pardon de juillet, et le samedi suivant.

La grande fête patronale avait lieu le dernier dimanche de juillet ; d'autres pardons se célébraient le premier dimanche d'octobre, le vingt-sept décembre, le vingt-cinq mars, le lundi de la Quasimodo et le dimanche de la Pentecôte. Toutes les recettes effectuées en ces jours de fêtes solennelles, comme tous les droits de place recueillis les jours de foire, étaient, selon entente entre les princes séculiers, et les évêques de Tréguier et de Saint-Brieuc, attribués à l'entretien de l'Église.

Mais il n'y eut pas que les grands qui attestèrent leur reconnaissance à Notre-Dame de Runan ; vers elle, dès une époque éloignée, les libéralités affluaient. Tels documents que nous possédons l'affirment.

De temps immémorial existaient à Runan des fondations de messes et services exigées autant par les paroissiens que par de dévots serviteurs de Marie. Les titres de ces fondations se trouvèrent être vers 1558 ou périmés ou perdus. Le Général[1] de la paroisse con-

---

[1] Le *Général* de la paroisse était la réunion des notables et ensuite du peuple entier, convoqué au prône de la grand' messe, pour traiter des questions concernant la paroisse. Cette réunion se tenait d'habitude sous le porche de l'église : les notables avaient voix délibérative ou maire et majeure ; le peuple approuvait d'habitude les décisions prises par ses mandants.

C'était, sauf quelques points, l'équivalent de nos conseils municipaux.

sulté, introduisit auprès de la cour de Chateaulin[1] qui l'approuva, une demande en continuation desdites messes « aux jours de dimanches, fêtes et foires. » De nouvelles pièces furent à ce sujet dressées, qui reçurent la sanction de monseigneur Jehan des Ursins évêque de Tréguier. Dès lors, les dotations persistèrent, qui avaient enrichi, à l'origine, le trésor de l'église ; le corps politique ou Général de Runan était alors composé de :

Guillaume Hervé, Yves Le Goas, Jehan Hangal, Charles et Yves Le Corre, Yvon Le Picard, François Le Goas, Jehan Raoul, Allain Théliby, Jehan Kermarec, Nicolas Le Bollozec, Jehan Théliby, Jehan Le Bellec, Jehan Le Berre, Merrien, Henry, Nédelec, Le Bouil, etc., etc.

Les chapelains de la trève étaient messires Hervé Le Goas, Jehan de Kernéchriou et François Rolland. Les principaux fondateurs que nous rencontrons vers cette époque sont Guillaume Le Goff et noble hommme Guy Quentric.

Testaments. — Ces dispositions du Général de la paroisse engagèrent à tester de plus en plus en faveur de Notre-Dame.

Nous citerons quelques-uns de ces legs : Jacques Carcan et Magdeleine Menguy, sa femme, donnent en 1639, à l'église de la benoîte Marie, à charge d'une messe à perpétuité pour le repos de leur âme, le champ de Leuranguer, en Plouëc.

Françoise Le Caer, épouse de Jacques Le Bolloch, étant à ses derniers moments, en présence de messire Etienne Le Goas curé de la trève de Runan, et de nombreux témoins : « Déclare et ordonne « bailler à perpétuité aux prêtres et chapelains de laditte église, un « boisseau de froment de rente à charge de deux services, par an, « sur sa tombe, le 1er ou 3e dimanche de juillet, et le 2e ou 3e jour « d'avril, et pour ce, elle hypothèque la moitié des acquits par elle « faits et acquittés, en faveur de la fabrique de Runan ;

« Outre, baille au gouverneur du luminaire de laditte église, un « quart gros blé, une fois payé ;

« Item au gouverneur du Rosaire ; item au gouverneur du lumi-

----

[1] Juridiction de Chateaulin-Pontrieux qui s'étendait sur une grande partie du pays de Tréguier.

« naire de monseigneur saint Pierre de Plouëc, item au gouverneur
« de monseigneur saint Jorand, 1648.

En 1656, une nommée Marguerite Garric a légué à perpétuité, au
gouverneur du luminaire de Runan, soixante sols tournois de
rente, à la charge de faire faire un service pour laditte testatrice
par chacun an, au jour des Trépassés : sçavoir, audit luminaire
vingt sols, et quarante sols aux prêtres dudit Runan. Attesté par
exploit fait en 1658 par Olivier Loutrage gouverneur dudit luminaire, contre François Le Picard deffendeur ; deux deffauts ayant été
obtenus par ledit gouverneur du luminaire de l'église tréviale de
Runan, en la cour de Chateaulin-Pontrieux, le premier en date du
6e jour d'août 1658, le second au 5e de novembre : signé : De Beau-
manoir pour le greffe et en la signification : Le Louet, sergent.

Nous voyons, à cette époque, figurer pour le service de la trêve
de Runan, outre le curé ou vicaire délégué du recteur de Plouëc —
ad universalitatem causarum, — plusieurs abbés, chapelains, ou
desservants. Ces derniers étaient généralement des enfants de famille de la paroisse, ordonnés sans doute, au titre patrimonial. Leur
principale fonction consistait à acquitter les messes et services de
fondations ; ils venaient également en aide au curé vicaire et
occupaient la charge de directeurs des confréries établies en la
chapelle.

Confréries. — Les confréries étaient celles du Saint-Rosaire et du
Saint-Sacrement dont l'ancienneté et le renom sont attestés par les
donations faites en leur faveur aux gouverneurs des diverses chapelles intérieures de l'église, chapelles où étaient justement établis
les sièges de ces confréries. Monseigneur de la Romagère a revu et
confirmé tous les privilèges dont les Souverains Pontifes gratifièrent
jadis ces pieuses institutions.

Le 3 juin 1716, Clément XI, par un bref donné en ce jour à Rome,
accorde des indulgences plénières à perpétuité à toutes les per-
sonnes qui feront partie de la confrérie de Notre-Dame des Agonisants érigée par le même Souverain Pontife dans l'église de Runan.
Un grand nombre de fidèles s'était fait inscrire sur les registres de
cette confrérie. Aujourd'hui encore un témoignage nous reste de la
dévotion extrême que montrait à Notre-Dame de l'Agonie toute la

contrée environnante; c'est l'usage qui subsiste de faire tinter à Runan une cloche funèbre lorsque, dans le voisinage, une âme s'apprête à franchir le passage redoutable de l'éternité.

GESTION DES COMMANDEURS DE MALTE.

En même temps que généreux seigneurs de son église et du fief qui l'entoure, les commandeurs de la Feuillée et du Palacret furent les plus fervents zélateurs du culte de Notre-Dame. Il appert de différents actes que nous avons pu recueillir combien ils apportèrent à leur gestion de soin et de désintéressement — le gouvernement n'était point sans difficultés. Ainsi, voyons-nous, en 1696, messire René de Saint-Ostangé, commandeur de Malte, mettre en avant devant la cour du Palacret ses privilèges contre Guillaume Hervé et Pierre Durand, fabriciens de l'église tréviale de Runan.

Il s'agissait, en l'espèce, de la vente faite au prône de la grand'-messe, par lesdits fabriciens, de certains chênes tombés « *par impétuosité de vent, en l'issue du bourg de Runan* », et que ledit seigneur prétendait lui appartenir, avec, d'ailleurs, tout le bourg situé dans son fief. Distinction faite de propriété et de jouissance, il fut conclu que la fabrique, en possession de ce dernier privilège, tenu des chevaliers maîtres de Malte, possédait en outre le droit de vendre les arbres tombés « par impétuosité du vent », en vertu de transactions passées entre les tréviens et les précédents seigneurs commandeurs, en payant de chef-vente, comme ils le font pour raison desdits arbres, vingt-quatre sols monnoyés.

Fait au manoir du Palacret sous le signe dudit seigneur et de messire Isaac Noblet et de maître Le Cazre, sieur de Merléan, pour lesdites fabriques ce vingt-et-unième jour d'avril 1676, après midi : Le chevalier de Saint-Ostangé[1] Isaac Noblet, Le Cazre, Yves Godert notaire et Voumoulin autre notaire, et vers lui demeure le registre ainsi signé : Voumoulin, notaire.

En 1637, Ollivier Loutrage comparaît devant les notaires fondés

---

[1] Armes : « *D'azur au chevron d'argent, accompagné de 3 merlettes de même.*

de pouvoir du commandeur, pour présenter un aveu[1] dans le sens du procès précité. Cet « aveu » fait au prône même de la grand'messe par Philippe Le Cazre, prêtre curé, et par l'un des chapelains desservants, fut accepté par le général de la paroisse.

Plus tard, les chevaliers de Malte se présentèrent eux-mêmes pour la visite de leurs fiefs, ainsi que l'atteste le document suivant :

« On fait à sçavoir au général des habitants de la trêve de Runan
« de la part de Le Bailly de Sesmaisons[2], commandeur du Palacret
« et annexes, qu'il se rendra en cette église de Runan, mardy pro-
« chain, dix-huitième du présent mois de mars, pour faire la visite
« de laditte église, ainsi que de sa fabrique, des ornements, du
« trésor, des archives, et pour examiner et régler les comptes des
« marguilliers, à ce que personne n'en prétende cause d'ignorance
« et que lesdits marguilliers et tous autres qu'il appartiendra, ayant
« à s'y trouver.

« Fait à Guingamp ce 15 mars 1704. Signé : DE TRÉGUIBÉ. »

C'est au sujet de cette visite que s'éleva, entre le commandeur et Mgr Jégou de Kerlivio, évêque de Tréguier, une contestation qui fut portée devant le roi Louis XIV. Le prince donna raison aux chevaliers de Malte en déclarant que tout le droit de l'évêque consistait à donner la confirmation à Runan et à décerner ses pouvoirs au curé de la trêve[3].

Ordonnance du Commandeur Tambonneau, 1727. — Nous reproduisons intégralement cette pièce, non seulement parce qu'elle précise plus que toute autre le rôle administratif des commandeurs, mais aussi parce qu'elle est un document précieux pour l'histoire archéologique de la chapelle.

---

[1] Voici un spécimen d' « aveu ».

« Le huitième jour d'avril 1529, avec pouvoir express ès prêtres et treffiens
« de l'égli c et chapelle de Runan ou Runargan, offre et fait foi et hommage à
« messire ierre Le Nevet chevalier, seigneur commandeur de la Feuillée et du
« Palacret, à cause des héritaxes mentionnés et déclarés ci contre, à sçavoir : une
« maison, et son jardin, avec cave, la cohue, le bois, l'église, etc., etc. »

[2] Armes de Sesmaisons : *De gueules à trois tours de maisons d'or.*

[3] La réconciliation ne tarda point. Nous voyons, quelques années après, le vicaire général de Tréguier ordonner quelques restaurations à l'église qui furent aussitôt exécutées.

« Nous, frère Victor Tambonneau, chevalier de l'Ordre de Saint-
« Jean de Jérusalem, commandeur de La Feuillée, Palacret, Pont-
« Melvez, et autres membres en dépendants, en conséquence, de
« notre ordonnance du huit juin dernier, rendu en notre cours de
« visite faite en l'église treffiale de Runan, ledit jour procédant à
« l'apurement des anciens reliquats de comptes, tant de la fabrice
« de ladite église, que des confréries y établies, après avoir vu les
« comptes de laditte fabrice, sçavoir : celui fourny en 1699 par
« Charles Ernault et Jean-Olivier-Henry, en 1702 par Jean Der-
« riennic le Vieil et Bertrand Le Pennec.

« En 1703 par Jean Le Layec et Laurens Le Bouil, en 1704 par
« Yves Nicolas et Pierre Durand, et ainsy jusqu'à la présente
« année.

« Vu aussy les comptes-rendus pour la confrérie du Rosaire : en
« 1720 par Marc Derriennic ; en 1723 et 1726 par Charles Nicolas ;
« — ceux pour la confrérie du luminaire par Pierre Le Feschant
« en 1720 et en 1726 par Claude Loutrage ; — ceux de la confrérie
« du Saint-Sacrement rendus en 1721 par Yves Le Louet, en 1723
« par Laurent Le Goas, en 1726 par Jean Le Maillart ; — ceux de la
« confrérie des agonisants, en 1720 par Yves Loutrage, en 1723 par
« François Le Goas, en 1726 par Yves Louet ;

« Vu pareillement l'appurement des comptes, avec les quittances
« au soutien des payements, faite la déduction des reliquats portés
« par iceux ; les délibérations faites en ladite église les 25 février et
« 11 mars 1725, 13 mars 1726, portant les dépôts faits aux archives
« de ladite église par partie des débiteurs desdits reliquats, de la
« somme de huit cent nonante livres quinze sols quatre deniers en
« argent sonnant, et d'autres obligations à la concurrence de cinq
« cent vingt et une livres cinq sols sept deniers ; — les trois déléga-
« tions faites par autres délibérations du corps politique de ladite
« église, dont la dernière est du vingt-neuvième de juillet 1727 pour
« le paiement de la somme de mille cinq cents livres au sieur Sahié
« pour la dorure de quatre autels, et pour les autres réparations
« faites pour les lambris et le pavé de l'église, le marchepied et le
« ballustre du grand autel, nous avons trouvé que tous les débi-
« teurs desdits comptes sont quittes au moyen des payements qu'ils

« ont faits, tant en déposant leur argent aux archives de ladite église
« que pour les réparations ; en conséquence des délégations ci-
« dessus spécifiées, dans lesquelles délégations, les particuliers qui
« avaient déposé des actes obligatoires auxdites archives pour sû-
« reté de leur dû, étant compris, et les ayant acquittés suivant les
« quittances qui nous ont été représentées, nous les avons jugés
« quittes et ordonné que lesdits actes leur seront rendus comme
« quittes ;

« A l'exception néanmoins de Laurens Le Bouil, fabrique de la-
« dite église en 1715, qui doit vingt-quatre livres douze sols encore
« de reste ; Toussaint Le Beaudour, fabrique en 1726, la somme de
« nonante deux livres, seize sols, onze deniers, et Jean Le Maillart,
« gouverneur en 1726 de la confrérie du sacre, la somme de dix-
« neuf livres, neuf sols, quatre deniers, lesquelles sommes nous
« leur avons ordonné de payer dans quinzaine pour tous délais,
« faute de quoi, ils seront signifiés à la requête de notre procureur
« fiscal, pour y estre condamnés à leurs frais, et pour éviter à l'avenir
« les abus qui s'étaient glissés parmi les fabriques et gouverneurs
« de confréries de demeurer saisis de leurs reliquats de comptes,
« ce qui a causé une perte et un préjudice considérable à l'église ;

« Nous avons ordonné que les gouverneurs à présent en charge
« et ceux qui leur succéderont payeront et déposeront aux archives
« les reliquats de leurs comptes, quinzaine après la clôture d'iceux,
« à peine de tous dépens, dommages et intérêts, et sur leur deffaut
« de le faire, ordonné aux gouverneurs en charge d'en donner avis
« à notre procureur fiscal, afin de faire des suittes vers eux, pour
« les y faire condamner à peine de répondre en propre et privé nom
« des reliquats des comptes.

« Nous avons pareillement enjoint au sieur Recteur[1] et aux gou-
« verneurs, tant de la fabrice que des confréries, de déposer aux
« archives les comptes ci-devant articulés pour la conservation des
« droits de l'église, et à l'égard des particuliers qui ont refusé de
« communiquer leurs comptes, ils seront poursuivis en justice à
« cet effet, et réputés débiteurs ; après lequel appurement fait,

---

1 Le Drio, recteur de Plouëc, Cavalan, curé de Runan.

« ayant considéré qu'il ne reste plus de fonds dans l'église prove-
« nant des anciens reliquats des comptes, que ceux de huit cent
« nonante livres, quinze sols, quatre deniers déposés aux archives,
« et les trois sommes dues par les débiteurs ci-dessus, faisant en-
« semble celle de cent trente-six livres, huit sols, trois deniers, avec
« les sommes dues par Yves Le Merrer et Laurens Le Bouil, der-
« niers fabriques de Runan, qui ne sont pas suffisantes pour entre-
« prendre présentement la construction d'une sacristie neuve, et
« nous ayant été représenté qu'il est nécessaire d'avoir un panneau
« pour garnir le grand autel, et une chaire à prédicateur, nous
« avons ordonné que par l'advis du sieur recteur et des treffiens, et
« de notre procureur fiscal, il sera fait marché aux conditions les
« plus avantageuses avec un sculpteur pour lesdites chaire et en-
« castellure ; après quoi nous avons réservé de statuer ce qu'il ap-
« partiendra pour l'entreprise de la sacristie neuve ; et afin que la
« présente ordonnance servant de règlement pour les comptes à
« venir, et de décharge pour ceux qui nous ont été représentés soi
« notoire à tout le monde, nous avons ordonné qu'elle sera publiée
« au prône de la grand-messe, et ensuite enregistrée sur le livre des
« délibérations pour y avoir recours en cas de besoin.

« Fait de notre ordonnance, sous notre seing et celui de notre
« adjoint, ce jour sixième de novembre mil sept cent vingt-sept.

« Le chevalier Tambonneau, commandeur du Palacret. Ch. Bon-
« noir, adjoint.

Il appert donc du texte de cette ordonnance que la chaire actuelle
date du commencement du XVIIIe siècle ; à la même époque re-
montait ce panneau qui, jusqu'en 1860, masqua déplorablement la
maîtresse vitre. Mais il n'est de mal qui ne serve à quelque bien,
et sans doute est-ce à cette bizarre restauration que nous devons
d'avoir conservé la verrière qui fait la gloire de notre église ; cette
« encastellure[1] » aussi bien que l'enduit de plâtre dont on la revêtit
à l'extérieur, la gardèrent en effet des déprédations des « patriotes » en 1793.

---

[1] Le panneau a été transporté dans l'église de Hengoat dont le mobilier est
d'un style à peu près analogue.

La sacristie dont il est fait mention dans la même pièce ne sera pas construite dans le cours du XVIIIe siècle. La nécessité de son édification est pourtant rappelée dans une nouvelle ordonnance de 1775 ainsi conçue :

« Eglise de Runan. — Ordonnances :

« 1° Sera refaite la couverture en plomb des fonts baptismaux.

« 2° Sera redoré le Saint-Ciboire.

« 3° Seront remises à qui il appartient, et conformément aux « règlements, les trois clefs du coffre-fort.

« 4° Seront fournies trois chasubles complètes propres et dé- « centes.

« 5° Sera battye une sacristie selon le plan qu'on a fait faire.

« 6° Seront rendus par devant les juges de la Commanderie les « comptes qui ne nous ont point été rendus ; et seront prises sur « les fonds de l'église, les sommes nécessaires aux réparations « ordonnées. Et la présente ordonnance sera exécutée le plus « promptement possible, selon la forme et teneur. A Guingamp, « ce huit octobre 1775. Le chevalier de Cornulier, commandeur « de la Rochevilledieu.

« Pour Monsieur le commandeur : Pontois.

Et plus bas on lit :

« Deffendons de plus de payer des décimes si ladite église en est « imposée comme l'étant par un abus contraire aux privilèges de « l'ordre. Le chevalier de Cornulier, commandeur de la Roche- « Villedieu, contrôlé à Pontrieux le 16 avril 1777. BERNARD. »

Les divers documents suffiront, je l'espère, à caractériser le personnage joué par les commandeurs dans l'histoire de la chapelle de Runan ; ils serviront à prouver également avec quelle sollicitude et quel zèle, comme nous l'avons dit plus haut, ils s'en acquittèrent.

LES FABRICIENS DE RUNAN.

Il nous est arrivé, au cours de cette étude, de relever les noms de quelques princes et gentilshommes bretons, ceux des commandeurs de Malte dont les actes sont conservés dans les archives de la trève, nous ne pouvons oublier ici les procureurs-syndics de la paroisse ; ils furent parmi les meilleurs serviteurs de Notre-Dame. Ce titre de procureur-syndic honora des Lestrézec, des Kernec'hriou, des Kerbellec, des La Boëssière, des Trogoff ; les délibérations de la fabrique l'accusent.

Un autre agent important de la vie administrative et religieuse de la paroisse était le fabricien. Celui-ci était nommé pour un an, et sa fonction était gratuite, bien qu'elle ne fut une sinécure. Nous avons pu le constater à certains détails de comptes fournis par des fabriciens de Runan et énumérés dans l'ordonnance du commandeur Tambonneau. Les comptes étaient annuellement dressés par les deux fabriciens en charge.

Deux grands procès illustrèrent particulièrement les fabriciens de Runan : le premier fut soutenu contre une dame d'Acigné au sujet des foires de Runan ; le second tendait à obliger Monseigneur l'évêque de Tréguier à donner à la trève de Runan un prêtre résidant. Voici, en substance, l'histoire du premier de ces différends. Les droits de place, tous les profits et autres émoluments, selon la teneur des chartes, étaient, jusqu'en 1665, perçus, sans nulle opposition, par la fabrique de l'église.

A cette époque un certain M. Picout de Montfort, se disant sous-fermier des droits et des coutumes ordinaires qui se prélevaient tant dans la ville de Pontrieux que sur les foires de Ploëzal et de Runan appartenant au seigneur comte de Grand-Bois lorsqu'elles échéaient au jour de lundy, avait fait assigner en la juridiction de Chateaulin, Laurens Le Goas, alors fabricien de Runan, pour s'y entendre condamné à restituer à lui, Picout de Montfort, la somme de vingt-deux livres dix sols, soit la moitié des quarante-cinq livres provenant des coutumes de la foire des Saints-Innocents derniers qui se tenaient au bourg de Runan.

Les fabriciens opposèrent à cette sommation une fin de non recevoir appuyée sur les droits à eux conférés par les ducs et par le roi, droits reconnus à la juridiction du comte de Goello dont relevait alors la paroisse de Runan. Apparition de Mme d'Acigné elle-même, flanquée d'un sien cousin ou neveu, l'abbé d'Acigné, dont le rôle en cette affaire n'est pas clairement défini et munie d'une ordonnance de la Chambre des requestes de Sa Majesté le roi : autre réponse dilatoire des fabriciens Le Goas et Ollivier Henry, soutenant que les seules coutumes appartenant à Mme d'Acigné consistaient dans le péage du pont de Pontrieux. Les deux parties s'acharnèrent jusqu'à épuiser toutes les juridictions ; Mme d'Acigné finit pourtant par remporter cette maigre victoire de se voir adjuger — mais combien plus tard — la moitié des recettes dont elle réclamait la totalité[1]. Quant au différend survenu entre l'évêque de Tréguier et les fabriciens de Runan, nous allons, avant que d'en dire brièvement les péripéties et l'issue, en indiquer les origines.

Un manuscrit daté de 1575 dit que Odet de Bretaigne, comte de Vertus et de Goello, baron de Bretaigne, seigneur d'Avaugour, présenta à cette époque un prêtre pour la cure tréviale de Runan. Cette présentation a-t-elle dans la suite été faite par tels autres seigneurs appartenant à d'autres juridictions, ou est-elle peu à peu tombée dans le domaine de la fabrique, agissant au nom du général de la

---

[1] Ce ne furent pas les seuls démêlés juridiques que les fabriciens de Runan eurent avec la famille d'Acigné. En 1773, un descendant de cette maison, Messire Charles-Honorat Marie, chef de nom et d'armes, seigneur marquis de Coëtrieux, chevalier de l'ordre royal et militaire de Saint-Louis, maréchal des camps et armées du roi, seigneur propriétaire des terres, fiefs et seigneuries de Lestrézec, Trogoff, Pontrieux, Frinaudour, Quemper-Guézennec, Kerguilli, Rostrenen, Carnabas, Bois-Geffroy, Bois Filly et autres, demeurant en son château de Carnabas en la paroisse de Plouisy, somma les fabriciens de Runan de satisfaire, envers lui, dans quinzaine, à tous les droits et devoirs seigneuriaux et féodaux, à peine de saisie féodale et dépens réservés.

Trois ans plus tard il procède contre le général et les fabriciens de la paroisse au sujet de la liquidation de certaines rentes et du rachat de quelques autres.

Notons aussi les différends de la fabrique avec Messire André-Marie-Louis de Gourdan, seigneur de Brelidy et de Locmaria en Ploumagoar, 1770.

paroisse ? Nous ne saurions rien assurer à ce sujet. Quoi qu'il en soit, les rares archives de l'église nous fournissent un curieux document, la requeste adressée en l'année 1778 au parlement de Bretagne dans le but de faire intervenir son autorité dans le conflit en question :

Voici les éléments de cet acte : la trêve de Runan, en la paroisse de Plouëc, trêve redevable de la dîme féodale à l'ordre de Malte et de la dîme ecclésiastique au Chapitre de Tréguier, a constamment jusqu'à ce jour, été desservie par un curé et par un prêtre. Elle est aujourd'hui impourvue, l'évêque de Tréguier ayant, il y a un mois environ, 24 novembre 1777, retiré les prêtres qui la desservaient.

Le général de la paroisse somme le recteur de Plouëc, pasteur immédiat, de s'expliquer sur cette mesure ; celui-ci proteste la sommation. Une seconde requête au vicaire général de Tréguier est aussi infructueuse. Les fabriciens insistent ; on leur répond qu'à cause de la pénurie de prêtres, le recteur de Plouëc devait par lui-même et par ses vicaires pourvoir au ministère sacré à Runan.

Il est vrai que, dans l'intervalle, un prêtre de Plouëc s'était présenté pour dire la messe et renouveler les saintes espèces ; il trouva porte close. Le général fit remarquer que ce prêtre, au lieu de se présenter le dimanche, arrivait le lundi matin. Un autre prêtre, M. Le Brigand, retiré à Ploumagoar, ayant bien voulu chanter la messe le dimanche précédent, fut interdit par ordre de l'évêque.

En telles occurrences les treffiens de Runan s'adressent à la haute autorité du parlement pour qu'il lui plaise : « ordonner au « sieur recteur de Plouëc et même à Monsieur l'évêque de Tréguier « de pourvoir l'église de Runan d'un vicaire desservant pour cé- « lébrer la sainte messe les jours de dimanche et fête, administrer « aux habitants sains et malades les secours spirituels, et y faire « toutes les fonctions ordinaires dans les trêves comme il a toujours « été pratiqué de temps immémorial. »

Présentée au Parlement, cette supplique fut, sur les réquisitions du célèbre Caradeuc de la Chalotais, alors procureur général du roi, communiquée à l'évêque de Tréguier « pour ses réponses ensemble sur mes conclusions être ordonné ce qu'il sera vu appartenir. »

L'évêque de Tréguier ne s'empressa point de répondre. Les treffiens de Runan prirent son silence pour un aveu et adressèrent au Parlement une requête nouvelle tendant à ce que fussent définitivement adjugées leurs « fins et conclusions » et à ce que fut le révérend évêque condamné aux dépens.

A quoi par l'organe du procureur général, il fut répondu que les suppliants devaient se pourvoir.

Au moins ce pourvoi fut-il accueilli, car la trêve fut provisoirement administrée[1] et moins d'un an après, Jean-Baptiste-Joseph Luberzac, évêque de Tréguier, désigna comme desservant de Runan, sous le titre de chapelain de Keranguen[2], messire Guillaume Moignet, 20 janvier 1779.

Le 5 février 1781, messire Moignet était par lettres du vicaire général de Tréguier autorisé à se faire seconder par tels autres ecclésiastiques dans le ministère sacré, en attendant la venue prochaine d'un desservant adjoint titulaire.

De ceci, nous présumons que la trêve était à cette époque, selon le jugement de l'autorité diocésaine, tantôt pourvue d'un vicaire, tantôt impourvue.

Les desservants de Runan. — De 1778 à 1790 nous voyons les registres de la chapelle signés par MM. Cabec, Le Prieur, Sou-

---

[1] M. Le Goas, nommé recteur de Lande Baeron fut remplacé après deux mois de vacances par M. Le Calvez. Durant l'intérim M. Perrin recteur, Tallou vicaire, et Lavallot, prêtre, font le service de la trêve.

[2] Voici en quels termes s'exprime au sujet de cette chapellenie la lettre épiscopale : « Une chapelenie, dite de Keranguen, située dans la paroisse de Plouëc, « et accoutumée d'être desservie à Runan, à la charge d'une messe hebdomadaire chaque jour de dimanche, sur l'autel de la sainte Vierge, se trouvant « vacante et dont la présentation et nomination ou le droit de présenter ou de « nommer est reconnu nous appartenir à raison de notre dignité épiscopale, « par la négligence des présentateurs qui l'ont laissé vaquer depuis la mort « de messire Claude Bernard, dernier possesseur d'icelle etc... etc. Nous avons quelques raisons de penser que la cause de ce conflit entre les fabriciens et l'évêque de Tréguier fut la jalousie de M. Perrin, recteur de Plouëc, et supérieur de la trêve. Il voulut sans doute en centraliser ainsi à son profit tous les bénéfices spirituels et temporels, avec d'ailleurs l'assentiment de l'évêché.

vestre ; en 1790 ce dernier devint recteur de Ploëzul, et fut remplacé à Runan par M. Louis Berthou dont nous rencontrons la signature jusqu'à 1793. En cette année, M. Berthou paraît encore comme témoin dans un mariage ; les anciens registres paroissiaux sont devenus ceux de l'état-civil. Nous ne savons rien de ce qui concerne le clergé de Runan durant la période révolutionnaire. Cependant, M. Dafniet, recteur de Plouëc en 1790, vint à son retour de l'exil se fixer à Runan. Obligé de se retirer à nouveau, il laissa dans la paroisse son ancien vicaire, M. Rannou, qui y mourut.

Desservie ensuite par différents prêtres auxiliaires, la trêve de Runan devint paroisse et commune en 1825.

APPENDICE

Lorsque, sortant de Runan, le voyageur se dirige vers Prat ou Coatascorn, il rencontre, échelonnées sur sa route, les anciennes gentilshommières de la paroisse. C'est d'abord le manoir de Kerbellec portant encore, encastrées dans sa façade, les armes des Le Saint en alliance avec les Cillart qui portent : « *de gueules au huchet d'argent enguiché de même en sautoir.* »

Plus loin l'on remarque le lieu d'origine des Kersavet ou Monteville. Enfin, à la pointe du coteau, la vieille demeure des Lestrezec avec son donjon en ruines.

Du sommet de ce promontoire, le regard glisse le long du versant jusqu'au fond de la vallée où le Jaudy serpente avec un clapotis sur les pierres lisses. Ici, un pont en interrompt un instant le miroir limpide ; tout près, à demi cachée dans un bouquet d'arbres, une petite chapelle dédiée à saint Vincent.

Au-dessus de la porte principale de cet humble sanctuaire apparaissent les armes des Chrech'riou en alliance avec un écusson fruste ; dans le chevet s'ouvrait une fenêtre à ogive flamboyante complètement obstruée aujourd'hui. Saint Vincent est devenu dans notre pays le protecteur des porcs. Les humbles voûtes qui jadis tremblèrent aux sons hautains des cors de l'halali, entendent maintenant les invocations des éleveurs paisibles du doux animal que Monselet chanta.

CONCLUSION

Voici terminée cette esquisse rapide de l'église de Runan : nous ne nous cachons point combien elle est imparfaite, et incomplète. A peine osons-nous invoquer comme une excuse la pénurie des documents dont nous avons pu disposer : lors de la démolition des Halles combien de parchemins précieux furent livrés aux quatre vents du ciel...

Dans toute leur modestie, nous dédions, néanmoins, ces quelques pages, aux paroissiens de Runan.

Puissent-elles faire qu'ils aiment un peu davantage leur petite patrie, leur église, témoin exquis du passé. Pieusement, nous les déposons aussi au pied du trône de Notre-Dame de Runan, en témoignage de foi douce et profonde, et comme une humble part de contribution apportée à la gloire de son culte.

Runan, le 23 janvier 1900.

FIN

Vannes. — Imprimerie LAFOLYE

164

9 782019 937652